W0281533

Wohndesign

DUTCH STYLE

JAN DES BOUVRIE

BARBARA UND RENÉ STOELTIE

aus dem Niederländischen übertragen
von Petra Scheltinga

BUSSE SEEWALD

Vorwort

Jan des Bouvrie ist ein kreativer, vielseitiger Designer, und sein nie versiegender Ideenstrom ist manchmal einfach erstaunlich. Irgendwann fragt man sich, ob der Gestalter nicht nach dem soundsovielten Sofa, Stuhl oder Sessel und nach der letzten originell entworfenen Vase, Uhr oder Lampe eine »Designerblockade« bekommt, und ob er sich endlich irgendwann die Zeit gönnt, sich auf seinen Lorbeeren auszuruhen und zufrieden auf einer sonnigen Terrasse in seinem geliebten Saint Tropez nieder zu lassen und einen starken »Café serré« und eine gute Zigarre zu genießen...

Des Bouvrie ist ein »Workaholic«, der in der Morgendämmerung aus den Federn springt, sich an seinen Zeichentisch setzt und enthusiastisch zu skizzieren beginnt. Ein paar flüchtig hingeworfene Linien werden schließlich zu einem Sofa, das zum Sitzen einlädt, und von dem man sich am liebsten nicht mehr erheben möchte. Eine scheinbar naive Skizze eines Hauses wird nur wenige Monate später in dreidimensionaler Form auf der äußersten Spitze einer karibischen Insel entstehen, hoch über einem schneeweißen Sandstrand und mit unendlicher Aussicht über das azurblaue Meer.

Jan des Bouvries Erfolgsgeheimnis ist zum großen Teil der trügerischen Schlichtheit seiner Kreationen zuzuschreiben. Verglich man früher die Gemälde der Cobra-Künstler mit Ausdrucksformen kindlicher Naivität, so wundert man sich auch heute über die scheinbare Einfachheit der Entwürfe von Des Bouvrie. Aber man sei gewarnt: der Mann, der die makellos weißen Einrichtungen aus dem Ärmel schüttelt, mit einer lässigen Bewegung in wenigen Minuten Einrichtungsprobleme löst, mühelos Zwischenwände verschiebt oder abreißt, für Möbel und Gemälde den richtigen Platz findet, Fluten von Licht in düstere Räume zaubert, und mit einem Fingerschnippen (und der sachkundigen Hilfe seiner Frau Monique und eines Heeres von Assistenten) in wenigen Augenblicken neue Raumkonzepte entwickelt, ist kein Zauberkünstler, sondern ein hervorragender Designer. Wie alle Illusionisten verschweigt natürlich auch er, wie seine Tricks in Wirklichkeit funktionieren, und in seinem Fall sind diese Tricks auf ein Wort zurück zu führen: Talent. Das Talent nämlich, uns zu überraschen, uns bei der Hand zu nehmen und uns zu zeigen, dass alles auch ganz anders sein kann. Er zeigt uns, dass wir Dinge anders sehen können, anders sitzen und schlafen können, und dass alles viel einfacher, heller, angenehmer, komfortabler und natürlich auch – immerhin handelt es sich hier um niederländisches Design – gemütlicher sein kann.

Fest steht auf jeden Fall, dass Des Bouvrie noch lange nicht aufhören wird, denn dies ist schließlich sein zweites Buch. Wenn es an ihm liegt, ist es erst der Beginn einer langen, langen Serie...

Barbara und René Stoeltie

»Ich werde von der ›Farbe‹ der Persönlichkeit eines Menschen inspiriert.«

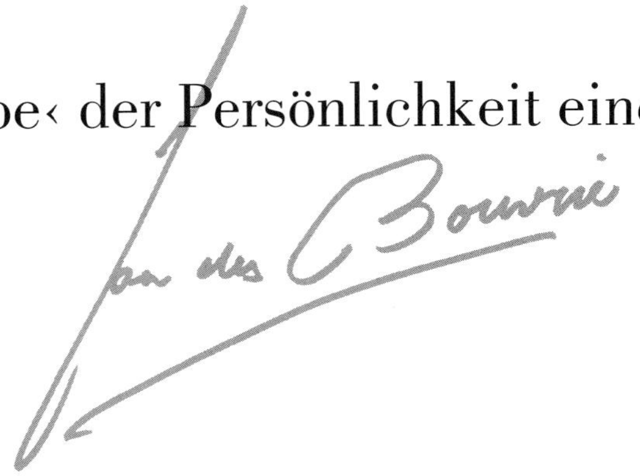

Inhalt

Eine weiße Traumvilla auf Curaçao

An einer paradiesischen Stelle auf Curaçao erhebt sich das Ferienhaus von Jan und Monique des Bouvrie. Das Bauwerk wirkt spartanisch, doch der Schein trügt. Man kann zum Beispiel die ganze Vorderfront »aufklappen«, so dass die Grenzen zwischen Innen und Aussen aufgehoben werden...

Symmetrisch aufgestellte Sansevierien führen direkt zum Haus, das mit einem majestätischen Dach ausgestattet ist.

»Dies ist eine märchenhafte Aussicht«, schwärmt Jan des Bouvrie, wenn er von dem Blick aus dem Wohnzimmer seines eigenen Hauses auf Curaçao spricht. Man muss Jan einfach recht geben, denn wenige von uns können sich als glückliche Besitzer einer atemberaubenden, strahlend weißen Villa auf einer karibischen Insel mit einer entsprechenden Aussicht über ein kobaltblaues Meer und einen azurblauen Himmel bezeichnen. Des Bouvries Villa wird »Korsow« genannt. Dies ist der einheimische Dialektausdruck für Curaçao. Man kann durchaus feststellen, dass der Designer mit seiner feinen Nase für das Außergewöhnliche eine der schönsten Stellen auf der Insel gefunden hat: Coral Estate im Westpoint-Gebiet in der Nähe des wunderschönen Sainte-Marie-Riffs.

»Korsow« ist das Ergebnis sowohl der spontanen Zusammenarbeit mit Projektentwickler Jan van Rootselaar als auch Des Bouvries eigener Sehnsucht nach tropischen Abenden auf einer Veranda mit Aussicht auf das Meer. Jans Meinung nach kann man hier in Curaçao jeden Tag eines der schönsten Naturereignisse der Welt erleben, nämlich wenn abends gegen sieben

Uhr die Sonne in Minutenschnelle untergeht, und der Feuerball den blauvioletten Himmel am Horizont orange färbt.

Was Des Bouvrie auch vorschwebte, war eines seiner bevorzugten Farbschemas (oder sollte man von Nicht-Farbschemas sprechen?), der »Weiß-in-Weiß-Look«. Dieser wird hier mit einer Architektur kombiniert, die durch Schlichtheit und einfache Materialien besticht. So kann dieses Abenteuer eigentlich nur noch ein »Knüller« werden. Die Villa von Jan und Monique ist eigentlich nicht mehr als ein spartanisch wirkendes quadratisches Bauwerk mit einem majestätischen Dach, das sich wie ein schützender Schirm über den Rand des Hauptgebäudes ausstreckt und so an allen Seiten einen überdachten Patio mit Balustrade bildet. Einfacher geht es beinahe nicht, doch gerade dies ist das Erfolgsrezept.

Wer Des Bouvrie kennt, weiß einfach, dass er mit minimalen Mitteln eine maximale Wirkung erzielt, und wenn man sich gut umsieht, quillt das Haus auch beinahe über von geschickt eingesetzten optischen Elementen. Beispiele? Eine komplett aus gläsernen Falttüren zusammengesetzte Vorderfront, die sich wie ein Wandschirm auf ganzer Breite zusammenfalten lässt, so

dass man nicht mehr weiß, ob man drinnen oder draußen sitzt. Hohe, symmetrisch gepflanzte Palmen und etliche Sansevierien in Blumentöpfen, die ordentlich am Zaun entlang aufgestellt sind. Ein Patio, der in eine Terrasse mit Schwimmbad übergeht und eine weiße Gartenlaube, die über eine Klippe gebaut ist, so dass der Eindruck entsteht, dass sie über dem Wasser schwebt. Eine geometrische Dachkonstruktion, deren weiß lackierte Balken und Sparren eine Art Dachreiter über dem Wohnzimmer bilden. Und vor allem die konsequente Verwendung von Jans und Moniques geliebter Farbe Weiß, die Besitz ergriffen hat von Stühlen, Lampenschirmen, Bettwäsche, Sofas, Tischen, Vorhängen, Blumen und so weiter!

»Das Ergebnis ist die Illusion, dass sich das Interieur fortsetzt…«, sagt Des Bouvrie. »Darum sind auch die Badezimmer und Schlafzimmer bewusst minimalistisch gestaltet und halten sich gegenüber dem ›dramatischen‹ Effekt eines Wohnzimmers zurück, das grenzenlos scheint und sich gleichsam an Schwimmbad und Laube vorbei in Richtung Meer ausstreckt!« Mit Recht bekommt man Gedanken an ein »unendliches« Haus…

Ein Hafen der Gastlichkeit

Beim Einrichten des Newport Hotels liess Jan des Bouvrie sich von seiner Liebe zum Wasser leiten. So entstand in der Brasserie im Untergeschoss die vollkommene Illusion eines Kreuzfahrtschiffes, und man hat von der Suite aus eine unvergessliche Aussicht über den See Gooimeer.

Sinn für Details: sogar die Vorhangkordeln sind ein subtiler Hinweis auf das nautische Thema des Newport Hotels…

Im Firmenzeichen des Newport Hotels ist der Buchstabe W wie der Bug eines Ozeanriesen geformt, und der Slogan »Harbour of Hospitality« – Hafen der Gastlichkeit – enthält einen Hinweis auf nautische Vergnügen. Wie kann es auch anders sein, wenn es dabei um ein aufsehenerregendes Gebäude am Jachthafen von Huizen geht, dessen terrassenartige Gestaltung der Seitenflügel an die »Zikkurats« der Inkas erinnert, und von wo aus man eine atemberaubende Aussicht auf das Gooimeer hat.

Für die Initiatoren und Architekten, die dieses beeindruckende Hotel auf einer Halbinsel in einem der größten Seen der Niederlande in kurzer Zeit realisierten, war die optische Wirkung des Gebäudes von großer Bedeutung. Dass sie bei der Einrichtung Jan des Bouvrie zu Rate zogen, war beinahe selbstverständlich. Schließlich hat er wie kein anderer Erfahrung mit Projekten im großen Stil. Dazu kommt, dass sich auch der größte Teil seiner eigenen Wohnhäuser in der Nähe von Wasser befindet.

Dass Jan dem nautischen Thema große Aufmerksamkeit widmen würde, war vorauszusehen, und so war die Gestaltung eines Lesesaals mit tiefblauem Teppichboden, gerahmten Stichen antiker Schiffe, einem maßstabgetreuen Modell eines Dreimasters und hohen, mit leuchtend blauem Stoff bezogenen Stühlen ein logisches Ergebnis. Der aufsehenerregendste Teil

des Newport Hotels ist natürlich die großzügige Empfangshalle mit ihren zahlreichen ockergelben »Chateau«-Sofas und bequemen grellroten Schalensesseln. Diese vermitteln den Gästen des Hotels ein Gefühl der Wärme und Geborgenheit. Es fällt fast nicht auf, dass dieser Raum verschiedene Funktionen hat. Die langgezogene Bar mit ihren hohen Des-Bouvrie-Barhockern und das Restaurant mit hohen Glasfenstern und Aussicht über den See, gehen unmerklich ineinander über.

Unten in der Brasserie gelang es Des Bouvrie, die Illusion eines Grand Café an Bord eines luxuriösen Kreuzfahrtschiffes entstehen zu lassen. Umgeben von weiß lackierten metallenen Relings mit hölzernem Handgriff, Vorhangkordeln aus geflochtenem Tau und einem Podium mit einem glänzenden schwarzen Flügel denkt man vielleicht sogar für einen kurzen Moment, dass die Tische und Stühle am Parkettfußboden verankert sind!

Oben in den Zimmern hat der Designer für eine sonnige Note gesorgt, indem er großzügig Vorhänge aus gelbem Voile, gelb bezogene Sofas und Sessel, Greetje Feenstras Darstellungen von übergroßen gelben Tulpen, zierliche mit hellgelbem Leder bezogene Des-Bouvrie-Stühle und blütenweiße Bettwäsche verwendete. Die Suite, die den Namen »The Bridge« trägt, macht der Brücke eines Passagierschiffes alle Ehre. Von diesem völlig weißen Penthouse aus hat man eine unvergessliche Aussicht über das Gooimeer. Wie es im Prospekt so treffend ausgedrückt wird, ist dies das pure Feeling von »luxury in a maritime atmosphere…«

Hollywood-Lebensart im holländischen Polder

Dieses an sich wunderschöne Haus aus dem Jahre 1978 musste dringend modernisiert werden. Mit Elementen wie einem Schwimmbad, einem Poolhaus, Terrassen, einem Patio und einem Wintergarten würde es besser den Wünschen der Eigentümer entsprechen. Bei derartigen Veränderungen heisst es jedoch aufpassen, dass kein »Generationskonflikt« entsteht.

Im Fitnessraum im Souterrain schaut man durch ein Panoramafenster direkt in das mit Mosaiksteinen geflieste Schwimmbad.

»Es ist wirklich eines der am schönsten gelegenen Grundstücke in den Niederlanden«, sagt Jan des Bouvrie mit Nachdruck. »Der Garten befindet sich in Harmonie mit der umliegenden Landschaft. Es war eine fantastische Herausforderung, dieses Haus auf passende Weise mit einem Schwimmbad mit Poolhaus sowie verschiedenen Terrassen und Treppen auszustatten.«

Wer das Bauernhaus betritt, vergisst, dass es sich hier um ein rustikales Backsteingebäude handelt. Des Bouvrie unternahm bemerkenswerte Veränderungen, wie einen erhöhten viereckigen offenen Kamin mit einer identisch geformten Nische für das Feuerholz direkt darunter, sowie ein Wohnzimmer, das mit einem leuchtend blau bezogenen Sofa, dazu passenden Sesseln und einem weißen Pouf ausgestattet wurde. Dadurch entsteht eine zeitgemäße Einrichtung, die an den Luxus einer kalifornischen Villa erinnert. Wer vermutet auch, dass zu diesem ehrwürdigen Gebäude ein Poolhaus gehört, oder ein Entspannungsraum im Souterrain, der durch ein Panoramafenster eine atemberaubende Aussicht auf das türkisblaue, mit Mosaiksteinen geflieste Schwimmbad bietet? Und wer erwartet hinter dieser Fassade ein Haus wie in Hollywood, das über genügend Platz für ein Schwimmbad, eine Pergola und einen Patio aus cremefarbenem Backstein mit mehreren Brunnen in Form von steinernen wasserspeienden Löwenköpfen verfügt? Ein gelungener Kraftakt also!

Des Bouvrie »avant la lettre«

In dieser Villa herrschte bereits eine typische Des-Bouvrie-Atmosphäre, bevor der Designer dort seiner Fantasie freien Lauf liess. Dadurch ging ihm seine Aufgabe wie von selbst von der Hand, und sein schwarzweisses Interieur wirkt sowohl gestylt als auch ungezwungen.

11 J A N
10
9
8
7 6 5
4
3

Jan des Bouvries schwarzweiße Uhr, ein humorvoller Entwurf, fällt im sonst überwiegend strahlend weißen Interieur deutlich ins Auge.

Jan des Bouvrie zufolge baute Architekt Henk Klunder eine Villa, die man nicht gerade am Rand einer, wenn auch lebhaften, holländischen Stadt erwarten würde. Mit ihrer langgestreckten weißen Silhouette und der breiten Eingangsnische stellt man sie sich eher in dem sonnenüberfluteten Miami oder an einem beeindruckenden kalifornischen Boulevard vor. Klunder baute das Haus im Jahre 1984 und berücksichtigte dabei die Wünsche seiner Kunden: lichtdurchflutete Räume, ein Atrium, ein Panoramafenster mit Aussicht auf den Garten, eine beeindruckende Eingangshalle mit einer spiralförmigen, mit Teppich belegten Treppe, wie sie in der Regel für Hollywood-Divas gemacht wird, die sich darauf spezialisiert haben, theatralisch hinunter zu schreiten, sowie einen großen, schlicht gestalteten offenen Kamin und einen geräumigen Balkon.

»Als die Bewohner mich baten, eine neue Einrichtung für sie zu entwerfen, war ich angenehm überrascht«, erzählt Des Bouvrie. »Hier traf ich auf das Werk eines Architekten, der auch an die Innenausstattung dachte. Dies ist ein Haus mit einer inneren Logik, und dadurch ergab sich das Interieur wie von selbst…«

Wirklich auffallend ist in diesem Fall, dass die Villa bereits eine typische Des-Bouvrie-Ausstrahlung hatte, bevor der Designer ans Werk ging. Des Bouvrie »avant la lettre« also, und in

Calvin and Hobbes

kürzester Zeit fügten sich alle Teile zu einem Ganzen zusammen. Dazu gehören schlichte schneeweiße Sofas, weiß lackierte Peddigrohrstühle, strahlend weiße Tische, blütenweiße Betten und dazu als angenehmen Kontrast Jans schwarz-weiße Uhr. Weitere Gestaltungselemente sind schwarze runde Hoffmann-Tische und dazu passende schwarzweiß gestreifte Sessel, tiefschwarze Kissen als gut platzierte Akzente, ein schwarzes Ecksofa und das dunkle Profil einiger Metallregale voll weißer Blumen in weißen Blumentöpfen. Auch zarte weiße Phalenopsis-Orchideen, Darstellungen von (weißen) Tulpen von Greetje Feenstra und der pechschwarze Teppich auf der Treppe, die zum Atrium und der gläsernen Kuppel im Dach führt, sind Teile dieses Interieurs.

Selten wurde eine schwarzweiße Einrichtung mit so viel Mut verwirklicht, und obwohl das Ganze puristisch, gestylt und kultiviert wirkt, strahlt es doch eine ungezwungene Atmosphäre aus. Dies ist ein Haus, in dem »weiß« kein Synonym für »Strenge« ist und in dem man in vollen Zügen das Licht und den Komfort um sich herum genießen kann, ohne das Gefühl zu haben, »auf Eiern zu gehen«. Es ist ein Haus, in dem man in der Umarmung eines makellos weißen Sofas versinken und zu träumen beginnen kann…

Die Metamorphose eines Restaurants

Als Jan des Bouvrie gebeten wurde, sich dieses Etablissements an zu nehmen, konnte er aus seiner eigenen reichen Lebensfreude schöpfen. So ist es eigentlich kein Wunder, dass ein Restaurant mit internationalem Flair und angenehmem Ambiente entstand...

»Salle à manger«… einen passenderen Namen für ein Restaurant mit französischer Küche hätte man sich nicht ausdenken können. Vor einigen Jahren kauften R. van de Fliert und Martin Fijneman das Restaurant, einen ehemaligen Supermarkt, mit der Idee, eine gastronomische Neuheit zu schaffen. Der neue Name gab das Startzeichen für einen Veränderungsprozess, bei dem die Begriffe »Flair« und »zurückhaltender Chic« im Mittelpunkt standen. Da den Auftraggebern ein Stil mit internationaler Ausstrahlung vorschwebte, wandten sie sich an Jan des Bouvrie. Inzwischen dürfte jedem bekannt sein, dass der Designer als echter Genießer den angenehmen Seiten des Lebens durchaus nicht abgeneigt ist. Wahrscheinlich hängt es mit den kulinarischen Freuden zusammen, dass Jan crème-fraîche-farbene Wände und passende übergroße Lampenschirme und Vorhänge wählte, dazu Stühle mit Hussen aus karamelfarbenem Leinen sowie Parkettfußboden, Tische und Wandvertäfelung in einem warmen nußbraunen Ton. Ein paar schwere, kelchförmige Vasen dienen als Blumentöpfe, und eine Medici-Vase, die Büste einer römischen Göttin und ein bildschöner »Apollo Belvedère« spielen augenzwinkernd auf das klassische Altertum an. In der weiß gefliesten Küche wurde ein fleckenlos weiß gedeckter »table d'hôte« aufgestellt, der Platz für sechs neugierige Feinschmecker bietet. Man kann mit Sicherheit feststellen, dass der ehemalige Supermarkt einen langen Weg zurückgelegt hat…

Ein neues Gesicht für ein Schloss des »Fin de siècle«

Beim Restaurieren eines Schlosses denkt man automatisch an Ausdrücke wie »romantisch« oder »märchenhaft«. Die Wirklichkeit war jedoch ganz anders... Holzwürmer, morsches Holz und ein baufälliges Dach waren die Hindernisse, mit denen Jan des Bouvrie konfrontiert wurde. Aber er hielt durch und das Ergebnis war ein Schloss mit einer echten Des-Bouvrie-Atmosphäre...

»Wohnen in einem Schloss«, dieser Begriff beschwört bei vielen von uns romantische Bilder herauf. Man denkt an Türme, Burggräben mit Zugbrücken, hohe Säle mit Gobelins, Kristalllüster und eine Rüstung, in der vor langer Zeit ein Ritter auszog, um gegen das Unrecht zu streiten. Wer ein Schloss kauft, erwirbt damit ein Symbol der Geschichte und vor allem ein Stück Architektur. Will man so ein Gebäude mit den Bedürfnissen unserer Zeit in Einklang bringen, sollte man Weitblick, Engagement und vor allem sehr viel Mut haben. Glücklicherweise hatte das Ehepaar, das ein Schloss aus dem späten neunzehnten Jahrhundert bei Antwerpen erwarb, diese Eigenschaften im Überfluss. Denn dieses Gebäude aus dem Jahre 1895 mit seinem in Belgien typischen hybriden Baustil, der sich durch die Kombination der verschiedensten historischen und architektonischen Elemente auszeichnet, war ziemlich heruntergekommen. Wuchernder Efeu hatte von den Mauern Besitz ergriffen und erzeugte einen romantischen, aber störenden »Dornröschen-Effekt«. Seit dem Zweiten Weltkrieg war nichts mehr im Garten getan worden. Viele Bäume waren gefällt worden, um die Besatzer mit dem nötigen Brennholz zu versorgen, und ein Teil des Daches sowie etliche Fenster waren während einer Bombardierung zerstört

worden. Im Jahr 1970 wurde das Schloss zu einem Partyzentrum umgebaut, und schließlich, im Jahre 1996 wurde es von den heutigen Eigentümern erworben. Über eineinhalb Jahre wurde mit allen Kräften daran gearbeitet, das Gebäude wie einen Phönix aus der Asche zu steigen und in vollem Glanz erstrahlen zu lassen!

Die Restaurierung in allen Einzelheiten zu beschreiben ist beinahe unmöglich. Hausböcke und Holzwürmer, morsches Holz, ein kurz vor dem Einsturz stehendes Kutschenhaus und das Aufhacken der Böden um eine Fußbodenheizung zu ermöglichen, sind die Hauptbestandteile dieser Schauergeschichte. Es war keine einfache Aufgabe, das Dach mit Schiefer zu decken. Bei all diesen Schwierigkeiten konnte man sich felsenfest auf Jan des Bouvrie verlassen, und unter seiner Leitung nahm das Projekt Gestalt an. Einige für Jan des Bouvrie typische Elemente gaben dem Ganzen den letzten Schliff: ein Badezimmer aus Carrara-Marmor, eine atemberaubende Bibliothek, einige Kinderzimmer, die komplett von Maroeska Metz eingerichtet wurden, und eine große Anzahl ihrer Lampen und Kronleuchter. Des Bouvrie spielte auch die entscheidende Rolle beim Zusammenstellen einer beeindruckenden Sammlung von Gemälden der Cobra-Künstler.

Gemütlich auf einem seiner »Chateau«-Sofas sitzend sagt der Designer: »Das Besondere ist, dass die Eigentümer den Mut hatten, ein derartiges Gebäude völlig zu restaurieren und ihm damit auch ein modernes Aussehen zu geben. In neun von zehn Fällen wird ein Schloss nach der Renovierung ausschließlich antik eingerichtet, und nun haben wir gezeigt, dass das nicht notwendig ist. Oft übertreibt man auch und das Interieur wird zu schwer, denn die richtige Verwendung von antiken Möbeln ist eine große Kunst. Mit zeitgemäßen Konzepten kann man so einem Schloss ein völlig neues Gesicht geben. Dazu kommt, dass wir die Räume zum größten Teil weiß gestrichen haben, als perfekten Hintergrund für die Kunstsammlung. Dunkle Wandvertäfelungen sind fatal für bunte Kunstwerke, sie ›ersticken‹ praktisch die Farben. Die entscheidende Frage war: Trauen sich die Auftraggeber an eine derartige Veränderung heran? Ja, sicher! Und weil wir so gut zusammen arbeiten konnten, haben wir auch so ein außergewöhnliches Ergebnis erzielt…«

Ein Landhaus mit mediterranem Flair

Eine gewisse Privatsphäre war für die Bewohner dieses würdevollen Hauses sehr wichtig. Jan des Bouvrie gelang es, diese zu gewährleisten und doch eine gastliche Atmosphäre zu schaffen. Das Geheimnis: Sowohl innen als auch aussen ist die Sehnsucht nach Sonne und Wärme zu spüren...

Das Haus liegt im Herzen eines Waldgebietes und ist durch eine üppig mit Efeu bewachsene Umzäunung und ein imposantes Eingangstor vor den neugierigen Blicken zufällig vorbeikommender Spaziergänger geschützt. Nicht, dass Jan des Bouvrie aus dieser würdevollen weißen Villa eine befestigte Burg machen wollte, im Gegenteil. Aber das Vorhandensein eines geräumigen Patios mit einer klassischen Säulengalerie sowie einiger langgestreckten Wasserbassins, einer majestätischen Terrakotta-Vase und ordentlich in einer Reihe stehenden Trompetenbäumen machten eine schützende Mauer von immergrünen Pflanzen erforderlich.

Der Ausspruch »My home is my castle« wird oft zitiert, wenn man deutlich machen will, dass einem die Privatsphäre äußerst wichtig ist. Da Des Bouvries Auftraggeber ein Haus wünschten, das ihnen diese Privatsphäre in höchstem Maße garantiert, entwarf Jan ein Heim, das seiner Umgebung den Rücken zuwendet

und doch auch gleichsam die Arme nach der Natur und dem Licht ausstreckt.

Im Wesentlichen ist das Bauwerk so einfach wie möglich: glatt verputzte weiße Wände, ein weit nach vorne gezogenes Rieddach, schwarzweiß lackierte Fensterrahmen und schneeweiße Säulen mit schwarzer Basis. Reihen von Lorbeerbäumchen in Terrakotta-Töpfen, ein Patio mit einer Bank aus dem Osten im Barock-Stil, das Plätschern von sanft sprudelnden Fontänen in den tiefschwarzen Becken und eine Eckterrasse, die als Überraschungseffekt einen offenen Kamin bietet, verraten die Absicht des Designers und seiner Kunden, vorsichtig auf wärmere Landstriche hinzuweisen. Auch bei der Einrichtung wird die Sehnsucht nach Sonne und Wärme deutlich. Das Heraufbeschwören einer südlichen Atmosphäre kann man auf jeden Fall Jan des Bouvrie überlassen. Darum sind die Außenwände des Hauses eierschalenweiß gehalten, es wurde genügend Platz für eine großzügig angelegte Eingangshalle mit einem doppelten Treppenaufgang geschaffen, und hier und da

taucht die Silhouette einer mediterranen irdenen Vase oder Amphore auf. Auch naturfarbene Leinwand, dunkle Palisandermöbel aus dem Fernen Osten, geflochtene Peddigrohrlampen mit beigen Schirmen, versilberte Ziergegenstände, Vasen, Schalen und Kerzenhalter aus der Kollektion von Gunther Lambert wurden großzügig eingesetzt. Zählt man dazu den leichten Akzent cremefarbener Vorhänge, mit hauchzartem Voile bedeckter Betten, heller Sisalteppiche und einer mit lackiertem Holz und Edelstahl ausgeführten Traumküche, ist die Illusion von einem sonnigen Klima vollkommen.

Im oberen Stockwerk löste Jan das Problem unpraktisch geschnittener »Zwillingszimmer« in einem dreieckigen Anbau, indem er zwei identische, spiegelbildlich eingerichtete Schlafzimmer kreierte.

Das Gesamtprojekt wurde hervorragend von Gerben Wessels geleitet. Nachdem auch die Buketts und die entzückenden Blumenarrangements einmal ihren Platz gefunden hatten, konnte das vollzählige Team von ganzem Herzen bestätigen, dass das Haus eine Ausstrahlung besitzt, wie man sie selten in den Niederlanden findet.

An Bord eines Bürogebäudes

Mit Bullaugen, marineblau-weissen Stoffen und ähnlichen Dingen entwickelte Jan des Bouvrie begeistert das nautische Thema weiter, das der Architekt dieses Gebäudes vorgegeben hatte. So entsteht der Eindruck, dass RX Medical jeden Moment Anker lichten und die hohe See ansteuern kann...

Im Konferenzraum mit seiner dunklen Wandvertäfelung und den Bullaugenlampen ist die Illusion, sich auf einem echten Schiff zu befinden, vielleicht am größten...

Kreischende Möwen kreisen um das Bürogebäude von RX Medical. Als Direktor Hans Eekhof mit seiner Firma in die ehemalige Niederlassung einer Bergungsfirma im Hafen von Schiedam umzog, übernahm er damit auch eine bestimmte Atmosphäre, denn die architektonische Gestaltung des Gebäudekomplexes erinnert an die Form eines Schleppkahns. Und als Architekt Bakker mit Hilfe der Firma Panelcraft aus Kesteren vor zwölf Jahren das Gebäude hier »vor Anker gehen ließ«, war die nautische Idee so deutlich, dass man den Eindruck erhielt, das Gebäude würde jeden Moment die offene See ansteuern!

RX Medical ist eine Firma, die nichts mit der Seefahrt zu tun hat, sie importiert und vertreibt medizinische Implantate. Doch als man Jan des Bouvrie beauftragte, das Gebäude einzurichten, griff dieser begeistert den nautischen Gedanken auf. So schuf er ein einheitliches Ganzes aus Büros, Konferenzräumen, einer Lobby und einer Bar, wo nichts klinisch oder steril ist, sondern wo eine ungezwungene Atmosphäre herrscht.

Es war fast unvermeidlich, dass Jan die Welt der Seefahrt in die Gestaltung einbeziehen würde, doch außer einer typischen marineblau-weißen Farbpalette, Schränken aus grau gestrichenem Holz mit verchromten Bullaugen und Des-Bouvrie-Stühlen, die Jan mit blauweiß gestreiftem Stoff bezogen hatte, gibt es »an

Bord« von RX Medical noch viel mehr zu entdecken. Es sind vor allem originelle Ideen, wie zum Beispiel das Sofa in der Eingangshalle, das die Form zweier grell geschminkter knallroter Lippen hat. Das Original wurde von Salvador Dali für das Haus des Kunstmäzens Edward James entworfen und stellt die sinnlichen Lippen der Filmdiva Mae West dar. Außerdem gibt es antike Modelle von Segelschiffen, und an verschiedenen Stellen im Haus findet man Barometer, Ferngläser, Schiffsglocken und Uhren. Der Konferenzraum mit Bar trifft mit seinen dunkel getäfelten Wänden, seinen Wandlampen in Form von Bullaugen und seinen mit marineblauem Stoff bezogenen Sofas so genau die Atmosphäre eines echten Schiffes, dass man den Eindruck erhält, dass dieser Raum auf den Wellen hin und her schaukelt.

Typische Des-Bouvrie-Akzente sind die riesigen weißen Lampenschirme, die weißen Allzwecktische mit gekreuztem Untergestell, die signierten Kunstwerke von Cremer und Van Opheusden und die originelle Art, in der der Designer die Panoramafenster mit blauweiß gestreiften Jalousien und passenden, weich fließenden Vorhängen ausgestattet hat.

Draußen herrscht Betriebsamkeit, und ununterbrochen gleiten Fahrzeuge langsam auf dem Wasser vorbei. Nur RX Medical liegt sicher vor Anker.

»Weiß in Weiß« wohnen am Meer

Dass weiss und kalt alles andere als bedeutungsgleich sind, beweist Des Bouvrie mit diesem kosmopolitischen Haus am Meer. Auch dank des sicheren Stilgefühls der Dame des Hauses entstand ein Interieur, das eine mondäne, zeitlose Schlichtheit und Ruhe ausstrahlt.

Um zu verhindern, dass das Interieur steril wirkt, muss der magische Kreis von Weiß durchbrochen werden. Darum steht auf dem Tisch ein schöner Plexiglas-Torso von Arman.

Auf den ersten Blick scheint es, als ob sich das Haus freiwillig in eine Düne eingegraben hat, aber nichts entspricht weniger der Wahrheit. In Wirklichkeit erhebt sich das kaum einen Steinwurf von der Nordsee entfernt gelegene faszinierende Bauwerk der Architekten Reus und Leeuwenkamp gleichsam aus der leicht hügligen Landschaft. Eigentlich verrät die Form des Hauses bereits einen großen Teil von dem, was hinter den hellen Backsteinmauern und der niedrigen Umzäunung vor sich geht. Der karminrot gestrichene Turm mit seinem »Aussichtsposten« kann nur das Treppenhaus beherbergen. Hinter den Fenstern, die sich direkt unter dem Dach über die ganze Front erstrecken, vermutet man sofort ein Wohnzimmer mit Ausmaßen, die einem amerikanischen »Loft« Ehre machen würden.

»Ein unheimlich spannendes, neuzeitliches Bauwerk«, sagt Jan des Bouvrie. »So etwas ist eine sehr wichtige Inspirationsquelle, wenn man ein passendes Interieur entwickeln soll. Ich selbst werde normalerweise durch die ›Farbe‹ der Persönlichkeit meiner Auftraggeber inspiriert. In diesem Fall waren die künstle-

rische Mitwirkung und das ›Flair‹ der Dame des Hauses eine angenehme Überraschung. Sie ist in dieser Umgebung geboren und aufgewachsen, sie kennt das Licht und das Klima, und sie weiß genau, was ihre eigenen ästhetischen Vorstellungen sind. Auf eine besondere Art war sie es, die dieses Projekt geleitet hat.«

Des Bouvrie und seine Auftraggeberin teilen die Begeisterung für den »Weiß-in-Weiß-Look«, und abgesehen von dem schwarzweißen marmornen Schachbrettfußboden in der Küche ist weiß das Leitmotiv dieses außergewöhnlichen Wohnkonzepts. Die Böden und Wände sind weiß, die Sofas und Stühle sind weiß, die Bücherregale und Lampenschirme sind weiß, die Bettwäsche und die Badewanne sind strahlend weiß und das Licht, das durch die langgestreckten Fenster fällt, ist ebenfalls weiß. Eine ruhige, unwirkliche Welt, die doch nirgends kalt oder ungemütlich wirkt.

Jan und seine Kunden wissen auch genau, wo sie Akzente setzen und wann sie den magischen Kreis von Weiß durchbrechen müssen. Dies beweisen der schöne Plexiglas-Torso von Arman und der robuste Holztisch in der Küche, der in Indien hergestellt wurde.

Die Badewanne von Philippe Starck steht an einer gläsernen Wand, die dank einer klug ausgedachten niedrigen Mauer doch die nötige Privatsphäre bietet.

Im ganzen Haus haben Des Bouvrie und seine Auftraggeber gezeigt, dass eine einfache Vorgehensweise nicht automatisch frei von jeder Erfindungsgabe sein muss. So sind die Schränke in den Schlafzimmern von federleichten, transparenten Schiebetüren auf Rollen von The Doors versehen. In den Schlafzimmern der Kinder befinden sich Betten aus Des Bouvries witziger »Jantje-Kollektion«. Hier und da wurde ein Kunstwerk unaufdringlich aufgestellt, und das Badezimmer wurde von Reus und Leeuwenkamp mit einer bildschönen zylindrischen Dusche aus Glasfliesen ausgestattet. Jan versah die gläserne Wand hinter der Badewanne mit einer niedrigen Mauer, um eine gewisse Privatsphäre zu gewährleisten.

Merkwürdigerweise hat das Haus die Atmosphäre eines luxuriösen Sommerhauses auf Long Island, und dies hat sicher zu tun mit dem Rauschen des Meeres und dem Dünengras, das sich vor dem Fenster im Wind wiegt, aber auch mit dem minimalistischen, strahlend weißen Interieur, das zwar sparsam mit Kunst bestückt ist, aber unzweifelhaft von einer unholländischen Ausstrahlung. Es wäre an der anderen Seite des Ozeans sicher nicht fehl am Platze…

Ein Ausstellungsraum mit Niveau

Der Ausstellungsraum des niederländischen VW-Importeurs Pon wurde um eine beträchtliche Anzahl Quadratmeter erweitert. Dadurch entstand unter anderem ein gewaltiger Eingangsbereich mit einer beeindruckenden Empfangshalle. Mit sorgfältig gewählten Massnahmen gelang es Des Bouvrie, eine einladende und kundenfreundliche Atmosphäre zu gewährleisten.

Das ursprüngliche Gebäude wurde im Jahre 1972 von dem kanadischen Architekten Sramota entworfen.

Wenn Jan des Bouvrie während seiner Beschreibung von Pon's Automobilhandel in Leusden das Wort »Fahrradkeller« verwendet, ist das sicher kein abfälliges Urteil über dieses Gebäude, sondern eher eine genaue Beschreibung von seinem Anteil an seiner Umwandlung.

»Die Grundidee erinnert stark an eine Art Fahrradkeller« verrät der Designer. »Architekt E. Kielstra vom Architekturbüro Architra entwarf den höher gelegenen Anbau, eine gewaltige Empfangshalle, die an das ursprüngliche Gebäude des kanadischen Architekten Sramota angebaut wurde. So entstand eine äußerst gelungene Konstruktion mit zwei verschiedenen Ebenen. Ich habe bei der Gestaltung des gewaltigen Foyers auf jeden Fall auf den menschlichen Charakter einer so überproportionalen Empfangshalle geachtet. Durch den großen Videoschirm, symmetrisch aufgestellte Paneele mit beleuchteten Firmenzeichen, die Silhouette von einigen schlanken Säulen, eine niedrige Mauer als Abgrenzung zwischen den Räumen und die mit hellem Holz verkleidete Rezeption, die sehr kundenfreundlich und einladend wirkt, fühlen sich die Besucher hier wohl.«

Diese Beschreibung macht deutlich, dass der Designer alles getan hat, um zu verhindern, dass dieses helle, weiße Foyer einer ungemütlichen Bahnhofshalle gleicht, auch wenn die rie-

sige Uhr, die er dort aufgehängt hat, gerade an einen solchen Ort erinnert!

Überall stößt man hier auf originelle Einrichtungsideen. So wurde zum Beispiel der Fußboden in »Zonen« eingeteilt, wobei Kreise aus hellem Parkett die Sitzecken definieren und einen angenehmen Kontrast zu den hellgrauen Fliesen bilden. Auch die Schalensessel und die tiefen, mit Samt bezogenen »Chateau«-Sofas, die alle in sonnigen Farben gehalten sind, schaffen eine freundliche Atmosphäre. Nicht zuletzt gibt es noch Jans runde und quadratische Beistelltische und seine allseits bekannten Lampen mit Schirmen aus Lamellen von durchsichtigem weißen Voile.

»Eigentlich habe ich hier das ›Multiple-Choice-Prinzip‹ verwendet«, erzählt Des Bouvrie. »Aus der Kantine habe ich ein Restaurant gemacht, indem ich eine Reihe hoher Sitzbänke aufstellte, die als Trennwand zu einer dramatischen halbrunden Treppe fungieren, die zu einem Podium führt, das wiederum für Präsentationen und Feste verwendet werden kann. Auch bei den Besprechungsräumen, die alle miteinander verbunden werden können, standen Licht und Atmosphäre im Mittelpunkt. Schließlich ging es darum, die Räume untereinander flexibel zu gestalten, und was diesen Aspekt des Projekts betrifft, finde ich, dass das Unterfangen ein voller Erfolg war…«

Die Transformation eines alten Bauernhofes

Nur wenige werden vermuten, dass sich unter dem Rieddach, hinter der ländlichen Fassade dieses Bauernhofes ein in jeder Hinsicht modernes Heim befindet. Das riesige Stallgebäude wurde hier ein multifunktionaler Raum, bei dem klischeehafte bäuerliche Attribute mit Sorgfalt vermieden wurden.

Dunkle Balken, weiß lackierte Paneele und heller Sisal sind die schlichten Bestandteile eines zeitlos modernen Interieurs.

Als Jan des Bouvrie gebeten wurde, sich um den Umbau und die Einrichtung eines Bauernhofes aus dem neunzehnten Jahrhundert zu kümmern, betrachtete er diese Gelegenheit als Herausforderung. Denn trotz der Tatsache, dass Jan für die Freuden des Landlebens schwärmt, hegt er einen gewissen Argwohn gegenüber dem behaglichen »Country Look«, den man allzu oft mit bunten Vorhängen, polierten Kupferpfannen und qualmenden Petroleumlampen assoziiert.

»Bauernhöfe bleiben leider viel zu oft auch nach dem Umbau Bauernhöfe«, seufzt der Designer. »Und es ist eine undankbare Aufgabe, die ländlichen Elemente daraus zu verbannen. Das Problem mit diesem Baustil ist das rustikale Mauerwerk. Wenn man denkt, man kann es einfach lassen wie es ist, und das Ganze modernisieren, indem man vor den Backsteinhintergrund ein paar Designermöbel stellt, irrt man sich gründlich.«

Des Bouvries erste Sorge galt also der Beseitigung der seiner Ansicht nach viel zu lebhaften Wände. Die neu verputzten Oberflächen haben eine ruhige Ausstrahlung und bilden gleich-

zeitig den perfekten Hintergrund für robuste antike Möbel, überwiegend cremefarbene Sofas und Stühle und eine Sammlung von Grafiken antiker Werkzeuge und Kunstgegenstände. Das riesige Stallgebäude, in dem früher auf beiden Seiten Kühe standen, bietet nun genügend Platz für eine große Essecke mit einem Klostertisch aus Eichenholz, bequemen Des-Bouvrie-Stühlen und einem klassischen, holländischen Kronleuchter aus Kupfer. Es ist auch Platz für eine Sitzecke mit weichen Sofas und Sesseln, die mit weißem Leinenstoff bezogen sind, und eine kleinere Sitzgruppe, die behaglich um einen Sandsteinkamin aus dem achtzehnten Jahrhundert mit dazu passendem Trumeau-Spiegel steht. Jan des Bouvrie stellte diese Sitzgruppe auf, da er der Meinung war, dass in diesem offenen, multifunktionalen Raum auch eine gewisse gemütliche Atmosphäre nicht fehlen durfte.

»Schaut doch, alle Funktionen sind optisch voneinander getrennt und bilden doch ein einheitliches Ganzes«, erklärt der Designer begeistert. Und er hat ganz einfach recht. Auch die

ARCHITECTUUR NU

kleine, zur Bibliothek umgestaltete Eingangsdiele ist nun auf unauffällige Art ein Teil des Ganzen geworden. Die Umgestaltung wirkt so spontan, dass die halbrunden Fenster aus dem neunzehnten Jahrhundert, die früher den Stall mit dem nötigen Licht versorgten, jetzt wie eine Reihe interessanter Gestaltungselemente des Designers erscheinen.

Dunkle Balken, ein Fußboden aus weißem Marmor, weiß lackiertes Holz und helle Sisalteppiche sind die schlichten Bestandteile einer rustikalen Behausung, die in ein zeitloses, harmonisches und modernes Interieur verwandelt wurde. Der ahnungslose Passant, der ein romantisches Rieddach, ein rundes Butzenscheibenfenster und einen strengen holländischen Garten mit gestutzten Buchsbaumhecken sieht, wird sicher nicht vermuten, wie überraschend modern das Interieur hinter dieser nostalgischen Fassade ist. Aber das ist ja gerade das Faszinierende an dieser überaus gelungenen Metamorphose.

Die beschauliche Ausstrahlung eines Louis-seize-Schlosses

NACH DEM MOTTO »LESS IS MORE« VERWANDELTE JAN DES BOUVRIE EIN NEOKLASSIZISTISCHES SCHLOSS IN EIN »KÖNIGLICHES« ZUHAUSE, UND DIES OHNE EINE FÜLLE VON MATERIALIEN UND MÖBELN, SONDERN MIT VIEL LICHT UND EINEM HAUCH VON LEICHTIGKEIT.

Das Schloss erhielt seine heutige klassizistische Form rund 1786, als Michel-Joseph de Grady es im äußerst zurückhaltenden aber trotzdem eleganten »Maasstil« umbaute. Als Jan des Bouvrie diesem bezaubernden, u-förmigen und noch teilweise von einem Graben umgebenen Gebäude und seinen begeisterten, von Ideen überströmenden Besitzern gegenüber stand, wusste er sofort, dass dieses Projekt im Zeichen einer einmaligen Zusammenarbeit stehen würde.

Heute sagt der Designer dazu: »Es passiert nicht so oft, dass ich gebeten werde, einen Plan für den Umbau eines Schlosses zu zeichnen. Und einen Basisentwurf für ein Gebäude mit so vielen eleganten Stilelementen zu erstellen, ist auch nicht gerade alltäglich. Dazu kam, dass meine Auftraggeber sehr genau wussten, was sie wollten, und so war der Grundstein für ein besonderes Projekt gelegt. Was ich am Wichtigsten finde, ist, dass sie das Schloss eigentlich selbst umgebaut und sehr hart daran gearbeitet haben. Es klingt simpel, aber sie haben einfach die Möbel, die sie schon hatten, verwendet, und es funktionierte. Es beweist, dass man auch auf diese Art an ein Landgut oder Schloss herangehen kann. Hier ist nichts gekünstelt oder demonstrativ ›eingerichtet‹. Man sieht, man muss ein Schloss nicht immer mit Ziergegenständen überladen, und es ist auch nicht nötig, bergeweise Materialien und Möbel zu verwenden. Der große Architekt Ludwig Mies van der Rohe sagte es bereits: ›Less is more‹. Und das gilt auch für ein Louis-seize-Schloss!«

Großzügige Räume erfordern großzügiges Interieur, wie zum Beispiel dieser Des-Bouvrie-Tisch mit bequemen des-Bouvrie-Hussenstühlen …

Durch das Wohnzimmer hat man Zugang zu der gemütlichen Bibliothek im Louis-seize-Stil.

Jan des Bouvries Erläuterung ist auch wirklich die Synthese dieses Umbaus. Wer sich die Zeit nimmt, sich gründlich umzusehen, entdeckt einen würdevollen Eingangsbereich mit rein weißem Louis-seize-Stuck, einen glänzenden Marmorfußboden mit Intarsien und zahlreiche von den Eigentümern mit Wandvertäfelungen versehene Räume, sowie Schränke und Regale, die von Jan Verwerft und seiner Firma »Panelled Rooms« in Herenthals entworfen wurden.

Dieses Schloss strahlt deutlich die Atmosphäre beschaulicher Lebensart aus, die für den Neoklassizismus des späten achtzehnten Jahrhunderts so typisch ist. Von der Küche mit schwarzweißem Schachbrettfußboden, Tisch und Hussen-Stühlen von Des Bouvrie bis zum Badezimmer, in dem eine robuste Badewanne von Philippe Starck königlich im Zentrum steht, überall ist das Gefühl für klassische Werte deutlich zu spüren. Die Eigentümer möchten zwischen Möbeln, Kronleuchtern und Ziergegenständen leben, wie sie auch von dem berühmten französischen König bevorzugt wurden. Aber sie gehen auch der Verwendung von modernen Entwürfen und zeitgenössischer Kunst nicht aus dem Weg. In diesem Haus haben sie den idealen Hintergrund für geschmackvolle Kombinationen gefunden. Wieder wird hier bewiesen, dass Schlösser erst wirklich zu Schlössern werden, wenn Spinnweben, Staub und Düsterkeit verjagt und Licht und Leichtigkeit hereingelassen werden.

In der Mitte des Badezimmers steht die fürstliche Badewanne von Philippe Starck, der Beweis dafür, dass moderne Entwürfe und Neoklassizismus perfekt zusammen passen können.

Ein Facelifting für eine monumentale Villa

Die ursprünglich dunkle und schwermütige Villa wurde von Jan des Bouvrie vollkommen neu strukturiert. Das Resultat seiner engen Zusammenarbeit mit den Eigentümern war eine erfolgreiche Transformation, deren Wirkung sich auch auf den beeindruckenden Garten erstreckt.

Die gewaltige Villa aus dem Jahre 1934 liegt am Rand der Stadt an einer von viel Grün gesäumten Allee. Als die heutigen Eigentümer das Gebäude erwarben, bot es jedoch abgesehen von einer eindrucksvollen Wohnfläche und einem großzügigen Stück Grund nicht das Ausmaß von Licht und Bequemlichkeit, das wir heutzutage so schätzen.

In der Zeit, in der man diese gewaltigen Herrenhäuser baute, war die Atmosphäre im Inneren traditionell und ziemlich düster. Man verwendete gediegene, aber auch überwiegend dunkle Holzsorten, und die bevorzugten Farben waren hellbraun, dunkelbraun und beige. Die hellsten Plätze waren meist die Küche und das Badezimmer. Und wenn man nicht zur absoluten Avantgarde gehörte, bei der weiße Wände, skandinavische Möbel, geschwungene Formen und die ersten grellfarbenen Plastiken das Interieur bestimmten, wurde wenig unternommen, um dem Ganzen eine heiterere Note zu geben. Der Versuch, ein derartiges Farbschema an unsere Zeit anzupassen, ist von vornherein zum Scheitern verurteilt, doch die schlichten Stilelemente lassen sich sehr gut mit aktuellem Design kombinieren.

Die Eigentümer dieser Villa betrauten denn auch ohne zu

zögern Jan des Bouvrie mit der Aufgabe, ihren neuen Besitz umzugestalten. In enger Zusammenarbeit entstand ein Interieur, dessen Ausstrahlung von den Begriffen »Licht« und »Geräumigkeit« bestimmt wurde. Bei einer weitreichenden Neustrukturierung wurde die Rückseite der Villa um einen großflächigen Patio erweitert. Auch entstand links eine überdeckte Terrasse und rechts ein Anbau für eine neue, viel größere Küche. Von dort aus hat man eine wundervolle Aussicht über den eindrucksvollen Garten, der von Gartenarchitekt P. Lubbers angelegt wurde. Der so entstandene u-förmige Raum eignet sich gut für Empfänge und Feste, die dank einer klug ausgedachten, schnell zu schließenden Überdachung ohne Rücksicht auf das launenhafte niederländische Wetter stattfinden können.

Im Inneren des Hauses herrschen cremefarbene Wände, helle Holzsorten und Möbel mit strenger klassischer Linienführung vor. Wirklich theatralisch ist das Badezimmer mit der Badewanne, die gegenüber der Tür in einer Nische steht. Auch das Schlafzimmer mit dem robusten hölzernen Himmelbett und einer einladenden eleganten Chaiselongue verleiht dem Ganzen Ausstrahlung. Vollständig renoviert erlebt die Villa nun eine neue Jugend.

Ein Kutschenhaus voller Büros

Die Verwandlung eines neogotischen Kutschenhauses in einen effizienten Bürokomplex scheint kompliziert, doch für Jan des Bouvrie war diese Aufgabe überhaupt kein Problem. Er mied geschlossene Räume und kreierte Offenheit, so dass ein Klima entstand, in dem sich sowohl Mitarbeiter als auch Besucher sofort zu Hause fühlen.

In den Niederlanden gibt es nur eine Handvoll Schlösser im »Troubadour-Stil«. Jan des Bouvrie respektierte diesen Stil und wählte naturfarbene Fliesen für den Eingangsbereich.

Der erste Eindruck ist überwältigend: Durch ein würdevolles Tor mit einer geräumigen Pförtnerloge windet der Weg sich an einer romantischen Orangerie vorbei und geht über in eine Allee mit Palmen und Drachenbäumen entlang einer langgestreckten Wiese. Von hier hat man eine vollkommene Aussicht über das von jahrhundertealten Bäumen umgebene Schloss im noegotischen Stil…

Der berühmte Meister des Klassizismus, der deutsche Architekt Carl Friedrich Schinkel, hätte das Gebäude nicht besser gestalten können. Die architektonischen Elemente dieses Schlosses beschwören Bilder aus der Vergangenheit von Rittern und Burgfräulein herauf. Der Klassizismus erreichte seinen stilistischen Höhepunkt in der ersten Hälfte des neunzehnten Jahrhunderts und wurde seinerzeit in Frankreich – was eigentlich recht liebenswert wirkt – »Le style troubadour« genannt. In den Niederlanden gibt es übrigens nur eine Handvoll Schlösser in diesem »Troubadour-Stil«, und es gibt noch weniger dazu gehörende Kutschenhäuser. Aus diesem Grund war die Umgestaltung des neogotischen Kutschenhauses, das zum Schloss Sandenburg in Langbroek gehört, ein ausgesprochen begehrenswertes Projekt.

Dass Arthur Meerwaldt von diesem einmaligen Bauwerk

begeistert war, beweist, dass er sich nicht nur für Informatik und Computertechnologie interessiert, sondern auch ein ausgeprägtes Gefühl für die ästhetische Ausstrahlung der Gebäude hat, die er für seine Firma auswählt. Er ist der Direktor von I.M.N., einer Firma, die flexible Systeme für Informationstechnologie entwickelt. Das erste Büro von I.M.N. befindet sich in einem Kutschenhaus auf dem Landgut De Breul in Zeist, und es ist kein Zufall, dass Meerwaldt für seine neue Zweigstelle wieder ein historisches Gebäude wählte, denn er ist ein Architektur- und Kunstliebhaber.

Von außen war seine Neuerwerbung bereits grundlegend restauriert und wieder mit ursprünglichen Verzierungen versehen worden. Die Einrichtung musste einerseits ein Gefühl für Kultur und Qualität ausdrücken und andererseits Effizienz ausstrahlen und in ihrer Offenheit der Atmosphäre der Firma entsprechen.

Als Jan des Bouvrie mit dieser Aufgabe betraut wurde, war ihm schnell deutlich, wie Meerwaldt sich die Gestaltung des neuen I.M.N.-Büros vorstellte. Sein Entwurf, bei dem die Pantrys und das Treppenhaus in die Mitte des Gebäudes kamen, wurde sofort mit Begeisterung aufgenommen. Sowohl im Erdgeschoss als auch im ersten Stock wurden die Büros

Die großen Des-Bouvrie-Lampen sorgen für eine weiche Beleuchtung der Büroräume und verleihen jedem Raum eine entspannte Atmosphäre.

um diese zentrale Stelle gruppiert. Zwischen dem ersten und zweiten Stock wurde ein Atrium mit einer Bibliothek geplant und im zweiten Stock ein Restaurant und ein Seminarraum. Für den Designer und seinen Auftraggeber war es wichtig, dass man, wenn man die Gänge entlang geht, in alle Räume sehen kann, und dass so ein spontaner Kontakt zwischen den Mitarbeitern entsteht. In dieser Atmosphäre würden Mitarbeiter und Besucher sich sofort zu Hause fühlen, da sowohl die Aufteilung des Gebäudes als auch die Einrichtung der einzelnen Räume deutlich machen würde, dass I.M.N. keine ausgeprägten hierarchischen Strukturen hat und dass jedes Büro mit derselben Sorgfalt eingerichtet wurde.

In diesem Fall entschieden Des Bouvrie und sein Auftraggeber sich für naturfarbene Fliesen und Teppichen im Eingangsbereich und weiße Wände und Vorhänge im ganzen Gebäude. Alle Einbauschränke sind aus Ahorn, einer hellen Holzsorte, und mit Handgriffen ausgestattet, die auf dem I.M.N.-Logo basieren. Sie sind perfekt in Wandnischen eingepasst, so dass die Wände lediglich von Schranktüren unterbrochen werden. Die extra großen Schreibtischplatten, die weiche Beleuchtung von eingebauten Spotstrahlern und eleganten Des-Bouvrie-Lampen, die stromlinienförmigen Möbel (eine gelungene Kombination von Des-Bouvrie-Entwürfen, Stühlen mit und ohne Hussen aus der Linie Lord Yo

von Philippe Starck und Stühlen aus der Linie EA 117 von Charles & Ray Eames) und die hohen Mattglastüren verleihen diesem Bürokomplex eine sehr angenehme und entspannte Atmosphäre.

In keinem einzigen Büro, Konferenzraum, Direktionsbüro oder Gemeinschaftsraum fehlt die künstlerische Note. Überall findet man schöne und farbenprächtige Gemälde von Jan Cremer und Peter Diem. In der Bibliothek ziehen vor allem die mit Drahtgeflecht ausgestatteten offenen Bücherschränke von Des Bouvrie die Aufmerksamkeit auf sich, und im Restaurant stehlen eine große Anzahl von Starcks Lord-Yo-Stühlen mit leuchtend blauen Hussen die Show.

Laut Arthur Meerwaldt ist das Ergebnis seiner Zusammenarbeit mit Jan des Bouvrie die Entstehung eines »Büros, das zurück zu den Ursprüngen geht«. Obwohl dieses Kutschenhaus voll von technologischen Möglichkeiten ist, bemerkt man nichts davon. Es ist ein angenehmer und ästhetischer Arbeitsplatz in einem historischen Gebäude geworden, dessen besondere Stilmerkmale sich überraschend gut mit zeitgemäßer Innenarchitektur verbinden.

Das Haus mit den Säulen

Beim Anblick dieses Hauses mit seiner Säulengalerie liegt der Gedanke an ein altes englisches Landhaus nahe. Jan raste zwar wie ein weisser Wirbelsturm hindurch, doch die markanten Stilelemente liess er ehrfürchtig in Ruhe.

Jan des Bouvrie sorgte dafür, dass alle stilistischen Merkmale erhalten blieben, aber er fügte, um das Haus zu aktualisieren, moderne Stoffe und Möbel mit schlichter Linienführung hinzu.

Das imposante Haus liegt am Ende einer langen Auffahrt, die an beiden Seiten von uralten Bäumen gesäumt wird. Die klassische Linienführung des Gebäudes, der halbrunde Anbau und der Patio mit seinen schlanken Säulen und seiner eleganten Balustrade erwecken den Eindruck, als stammten sie aus der Kulisse für einen englischen Spielfilm über ein altes englisches Landhaus und seine adligen Bewohner.

»Entschieden unholländisch«, lautet Jan des Bouvries Kommentar. Der Ausdruck »unholländisch« ist auf jeden Fall passend, denn wo in Holland findet man ein Bauwerk mit einer derartigen Ausstrahlung und mit einer Wohnfläche, deren Anzahl Quadratmeter kaum zu zählen ist. Dies ist für Designer und Auftraggeber Grund genug, um eine Atmosphäre von zurückhaltender Vornehmheit zu beschwören. Bereits in dem Augenblick, in dem die schwarz lackierte Tür aufschwingt und man einen Blick in die geräumige Halle mit ihrem glänzenden schwarzweiß gewürfelten Marmorfußboden, einem Kristalllüster und einem eindrucksvollen neoklassizistischen Kandelaber werfen kann, weiß man, das dies wirklich ein außergewöhnliches Projekt des gefragtesten Innenarchitekten der Niederlande ist. Dieser Eindruck wird bei einer Führung durch den Garten mit seiner reizen-

Eine bemerkenswerte Idee für das Esszimmer: die Wände wurden mit identischen Rechtecken aus Blattgold verziert…

den antiken Laube mit ihrer prächtigen Aussicht auf den Patio und die Säulengalerie bestätigt. Dass dieses Haus strahlend weiß werden sollte, ist eigentlich selbstverständlich. Jan hatte jedoch nicht die Absicht, markante Stilelemente (wie antike offene Kamine, Wandvertäfelungen und Türen) und die majestätischen Ausmaße der Räume zu verändern. Auch wenn sein inzwischen berühmter »weißer Wirbelsturm« durch das ganze Haus raste, sorgte er doch dafür, dass die Atmosphäre des Hauses vollständig erhalten blieb. Des Bouvrie hat die bemerkenswerte Gabe, eine Besonderheit oder ein auffallendes Detail zu finden, das ein Zimmer mit »antikem« Ambiente im Handumdrehen in einen zeitgemäßen Raum verwandelt. Dies kann eine Reihe von Glasvasen sein, die verschwenderisch mit weißen Blumen gefüllt sind, oder die Konsequenz, mit der auf alle überflüssigen Verzierungen verzichtet wird. Es kann auch an der Aufstellung einiger Sofas mit strenger Linienführung liegen oder an der Auswahl des Stoffes, mit dem einige Ohrensessel bezogen wurden. Es ist nirgends demonstrativ, und doch ist diese Art der Aktualisierung beinahe fühlbar. Gelungene Lösun-

Jan des Bouvrie kennt die Kraft der Symmetrie: Vor diesen Balkontüren mit stimmungsvollen Raffrollos stehen zwei weiße Blumentöpfe mit je einer einzelnen Orchidee…

gen sind zum Beispiel, dass sich der schwarzweiß gewürfelte Marmorfußboden von der Halle in die Wohnküche fortsetzt, die feine Harmonie von hellen Möbeln, honigfarbene Sessel zu einem beige Sofa mit Pouf im Fernsehzimmer, der Erhalt der dunklen Wandvertäfelung und der offene Kamin aus Sandstein in dem geräumigen Wohnzimmer.

Ein Stockwerk höher ist alles noch schlichter und sparsamer eingerichtet. Im Badezimmer nimmt eine »king-size« Badewanne aus makellos weißem Marmor den größten Teil des verfügbaren Raums in Beschlag.

Den absoluten Höhepunkt dieses Projekts bildet jedoch das atemberaubend schöne Esszimmer, in dessen Zentrum eine lange Tafel und eine Reihe von hohen Des-Bouvrie-Stühlen, die mit einem geometrischen Des-Bouvrie-Stoff bezogen sind, stehen. Jan dekorierte hier die Wände mit identischen Rechtecken mit Blattgold, auf denen er quadratische, in breite weiß lackierte Leisten gerahmte Spiegel befestigte. Fügt man noch einen bronzefarbenen Kronleuchter hinzu, so erreicht die Essenz von Stil und Eleganz hier zweifellos ihren Höhepunkt.

Ein Heim weit weg zu Hause

Ein Kokon, der Wärme und Ruhe ausstrahlen soll, dieses Bild hatte Jan bei der Einrichtung eines Ronald-McDonald-Hauses in Utrecht vor Augen. Mit einfachen Elementen, schlichten Accessoires und ansprechenden Farben gab er diesem Haus auf ungezwungene Weise einen entspannten und einladenden Charakter.

Die Kombination von ziegelrot, taupe, gelb und orange kann sicher nicht als alltäglich bezeichnet werden.

Im Prospekt des Ronald-McDonald-Hauses in Utrecht heißt es: »Ein Ronald-McDonald-Haus ist vor allem eine Geschichte von Menschen. Eine Geschichte von Eltern, die dort ein ›Heim weit weg von zu Hause‹ finden und von kranken Kindern, die dank dieses Hauses ihre Eltern und Verwandten in der Nähe haben…« Diese Worte haben wohl alle, die ihren Teil zur Verwirklichung dieser lobenswerten Initiative beigetragen haben, von Anfang an bewegt und inspiriert.

Dass Jan des Bouvries Name auf der beeindruckenden Liste von Menschen, Unternehmen und Organisationen, die daran beteiligt waren, auftauchen würde, dürfte niemanden überraschen. Als das Einrichtungskomitee im Jahre 1997 Jan des Bouvrie fragte, ob er ihnen bei der Gestaltung des Interieurs zu einem »Freundschaftspreis« beratend zur Seite stehen würde, stimmte er ohne Zögern zu. Es war sofort deutlich, dass die Perspektive des Designers den Wünschen der Auftraggeber sehr entgegenkam. Das Einrichten eines Hauses mit einem derartigen emotionalen und humanitären Hin-

tergrund sprach Des Bouvrie sehr stark an. Da er sich gut vorstellen konnte, dass die Gäste dieses Hauses das Bedürfnis nach einem Kokon haben, der Wärme und Ruhe ausstrahlt, wählte er einfache und stimmungsvolle Elemente, Möbel und Farben, die gut zur schlichten Linienführung und besonderen Farbpalette des Hauses, eines bemerkenswerten Entwurfs der Architekten Bosch und Haslett aus Amsterdam, passen.

Was das Werk dieser Architekten so einmalig macht, ist die Art, in der sie das zweistöckige Gebäude konstruiert haben. Die langgestreckten Stockwerke sind gleichsam zwischen breiten Plateaus »eingeklemmt«, und außer den spielerisch abgerundeten Außenwänden ist auch das Farbschema, eine Kombination von taupe-grau, ziegelrot, sandfarben, dottergelb und orange, sicher nicht alltäglich. Im Inneren stattete Des Bouvrie die Schlafzimmer mit leuchtend blauen Wänden, hellen Holzsorten und schlichten Accessoires aus. Der gleiche Wunsch nach Schlichtheit

In der hellen Küche schaffen Möbel aus Teakholz eine einladende Atmosphäre.

Wände aus Mattglas und hellgraues Mosaik verleihen dem Badezimmer eine funktionelle Ausstrahlung. Die freistehende Badewanne ist nicht nur schön, sondern vor allem auch sehr praktisch.

resultierte in einem gemeinschaftlichen Wohnzimmer, in dem eine freistehende weiße Wand mit einem offenen Kamin eine interessante Raumaufteilung bewirkt. Hier stellte Des Bouvrie dottergelbe und karamelfarbene Sofas auf, die gut zu den schokoladenbraunen Wänden und rustikalen Möbeln passen. Bei den Fußböden werden auf originelle Weise beige Fliesen, helles Parkett und Sisalteppich kombiniert. Ein Badezimmer mit Wänden aus Mattglas und einer freistehenden, mit hellgrauem Mosaik gefliesten Badewanne und eine geräumige Küche, die in Edelstahl, Kunststoff und Holz ausgeführt ist, wurden ausgewählt, da sie besonders gut in ein dekoratives Schema mit einer zugleich praktischen und einladenden Ausstrahlung passten.

»Die Menschen, die vorübergehend hier wohnen, sollen sich hier heimisch fühlen«, sagt Des Bouvrie. »Ich wollte eine häusliche Atmosphäre kreieren, in der sich Eltern ungezwungen miteinander unterhalten können, und wo man das Gefühl hat, Teil einer großen Familie zu sein…«

Ein amerikanisches Traumhaus in den Niederlanden

Die grosszügige Fläche des Grundstücks bot Jan des Bouvrie die einmalige Gelegenheit, diesmal in der Rolle des Architekten aus dem Vollen zu schöpfen. Die Landhäuser in Neu England und Virginia dienten als Inspirationsquelle, doch die Dachziegel und die Fensterläden wurden schwarz...

100 JAAR DESIGN
HOND

Wenn sich das schwere Eingangstor neben dem »Praathuis«, einem weiß gestrichenen anmutigen Häuschen, geräuschlos öffnet, erhascht man einen ersten Blick auf das gewaltige weiße Haus mit den schwarz lackierten Fensterläden, dem klassischen überdachten Eingang mit Säulen aus blauem Stein und der barocken Vase aus Blei davor. Man kann nur auf einen passenden Ausdruck für diese gewaltige optische Wirkung kommen, nämlich »atemberaubend«...

Jan des Bouvrie hat sicher auf diesen Effekt gezählt, als er den Auftrag annahm, auf dem Grundstück hinter einem bescheidenen Häuschen am Stadtrand ein riesiges Haus zu entwerfen. Und da er schon seit geraumer Zeit mit dem Gedanken spielte, sich auch als Architekt einen Namen zu machen, griff er mit beiden Händen zu.

Zugegeben, der Standort war ein »gefundenes Fressen« für den vielseitigen Designer. Denn wo findet man in den Niederlanden schon ein beeindruckendes Grundstück im Herzen eines grünen Wohngebietes, an dessen Vorderseite ein ländliches Gasthaus an einer Allee mit vornehmen Villen steht, und das an der Rückseite von Wasser begrenzt ist? Da Jan den

außergewöhnlichen Charakter der Stelle sofort erkannte, dachte er gleich in den Dimensionen »groß« und »imposant«.

Wer das Haus zum ersten Mal auf sich wirken lässt, wird sich des Eindrucks nicht erwehren können, dass sich Des Bouvrie vom Stil der Landhäuser in Neu England und Virginia inspirieren ließ. Der Rhythmus der Fassade, die sorgfältige Symmetrie, die alten hohen Bäume in unmittelbarer Nähe, der runde Vorplatz und die Silhouette der antiken Vasen aus Blei erinnern auf jeden Fall an die riesigen Gemäuer aus dem achtzehnten Jahrhundert, wie man sie in der Neuen Welt findet. Da Jan jedoch einen völlig eigenen Geschmack hat und der typische Des-Bouvrie-Stil natürlich die Oberhand gewinnt, finden wir hier schwarze Dachziegel, Fensterläden und Laternen sowie rechts und links einen Anbau in Form eines Wintergartens. Amerikaner würden die Begegnung mit dem meterhohen Treppenhaus und der schlichten Treppe, die angepasste schmiedeeiserne Balustrade und das zweistöckige, von den Gängen gebildete Atrium

Das Badezimmer wurde zu einem Traum in Weiß. Die einzigen Akzente sind die goldenen Mosaikmotive und die vergoldeten Barockengel über der Badewanne…

sicher »to die for« nennen. Dieselbe Beschreibung würden sie auch für das Wohnzimmer, das Esszimmer und den Salon verwenden, denn diese wurden mit demselben Gefühl für Stil und Eleganz eingerichtet.

Wie zu erwarten herrscht überall die Farbe weiß vor, doch um dem Ganzen mehr Schwung zu geben, platzierte Jan mit breit gestreiftem Leinwandstoff bezogene Sofas, farbenprächtige Lithografien von Andy Warhol, barocke Spiegel und Kronleuchter und ein Sofa mit Beistelltischen von Philippe Starck. Im Esszimmer hängt ein De Lussanet, der niemanden kalt lässt, über einem Tisch und Stühlen mit klassischer Ausstrahlung. Doch ein Paar italienische Rokkoko-Wandtische im Wohnzimmer und die gemütliche von Jan gestaltete Bibliothek mit ihrem gewagten karminroten Teppich, einigen schwarzweiß gestreiften Hofmann-Sesseln und einem Gemälde des südafrikanischen Künstlers Rudy Bester, stehlen wirklich die Show.

Dass Des Bouvrie es nicht bei diesen Knalleffekten belassen würde, sollte eigentlich nichts Neues sein. So befinden sich zum Beispiel in der Küche »Medaillon«-

Stühle im Stil von Ludwig XVI mit fantastischen Seidenbezügen mit der Signatur von Carolyn Quatermaine. Der Höhepunkt des Obergeschosses ist zweifellos das Badezimmer: ein Traum in Weiß, gekrönt von einer runden Badewanne in der Mitte, goldenen Mosaikmotiven im Stil der Wiener Sezession und vergoldeten Barockengeln, die unbeschwert über der Badewanne schweben.

Doch es gibt hier noch so viel mehr! Einige Beispiele? Da ist Monique des Bouvries spielerische Lösung, ein schräg nach oben führendes Abflussrohr in der Ecke eines der Kinderzimmer wie eine rotweiß karierte Rakete zu gestalten und es so gleichzeitig zu betonen. Einige symmetrisch platzierte zylindrische Wände tarnen geschickt Toilette und Dusche im Badezimmer. Hinter dem Haus befindet sich ein Swimming-Pool in unverfälschtem »Californian Blue« mit geräumigen Peddigrohr-Bänken zum Faulenzen, einer Essecke für intime Diners, breiten dunkelgrünen Sonnenschirmen, sowie ein überdachtes, offenes Bootshaus mit einem Anlegesteg und einem fantastischen Boot.

Ein echter »American Dream«, gestaltet von Jan des Bouvrie für Kunden mit Flair und einem Gefühl für internationalen Wohnstil.

Vom Sommerhaus zum »Praathuis«

Die Umwandlung eines bescheidenen Wohnhauses in einen angenehmen Arbeitsplatz umfasst mehr als nur das Entfernen einiger Zwischenwände. Jan des Bouvrie begann mit dem Hereinlassen von Licht und setzte dann zur Auflockerung verschiedene »Wohnzimmer-Akzente«.

Das bescheidene Sommerhaus aus dem neunzehnten Jahrhundert entsprach nicht den Wünschen des neuen Eigentümers…

Den Gedanken, dass Jan des Bouvrie nur die größten und wichtigsten Projekte akzeptiert, kann man ruhig ins Reich der Fabel verbannen. Als der Geschäftsmann Hans Eeckhoff ihn bat, sich um den Umbau eines bescheidenen ehemaligen Ferienhauses aus dem neunzehnten Jahrhundert zu kümmern, saß er sozusagen bereits hinter seinem berühmten Zeichenblock.

Das Bauwerk, das nun den originellen Namen »Het Praathuis« trägt, wies keine besonderen architektonischen Details oder auch nur interessante Proportionen auf. Hinter einigen alten Bäumen versteckt diente es vor gut hundert Jahren als Zufluchtsort für Leute aus der Stadt, die Abstand von der Hektik der Metropole suchten. In jenen Tagen genügten einige beengte Zimmer unten und zwei Dachzimmer unter dem Satteldach vollkommen, doch sie entsprachen sicher nicht den Vorstellungen, die der Auftraggeber von einem praktischen und gut eingerichteten Büro in der Nähe seines Hauses hatte. Des Bouvrie weiß, dass ein paar Hammerschläge und das Entfernen störender Zwischenwände nicht ausreichen, wenn man ein mehr als hundert Jahre altes Einfamilienhaus durchgreifend verändern will. Und da er natürlich das Hereinlassen von Licht sehr wichtig fand, legte er ein zentrales Treppenhaus mit einer hellen Holztreppe an und gestaltete die Doppeltür zum Büroraum an der Garten-

seite mit hohen Paneelen aus Mattglas. Im vorderen Teil des Hauses verwendete er einige Quadratmeter für eine Toilette und eine Küche, die sich durch die subtile Verwendung von Glas, Holz und Edelstahl und Jalousien mit Lamellen aus hellem Holz auszeichnet. Und da Jan sich nie mit optischen Tricks abgibt, ließ er die Wände glatt verputzen und strahlend weiß streichen.

Der Büroraum an der Rückseite des Hauses ist heute ein lichtdurchfluteter Raum. Wenn auch die Büromöbel schlicht gestaltet sind, versuchte Des Bouvrie, den »Ernst« aus dem Interieur zu verbannen, indem er »Wohnzimmer-Akzente« setzte, wie zum Beispiel weiße Vorhänge mit silbernen Kordeln, einen offenen Kamin mit strenger Linienführung, helles Parkett und leuchtend blauer Teppich.

Oben zeigen zwei hohe Büros mit Satteldach, spiegelbildlich positioniert, dieselbe praktische Sichtweise. Die Fenster in Augenhöhe und die runden Giebelfenster geben extra Licht, und der blaue Teppich ist eine Fortsetzung des dekorativen Schemas.

Der Name »Het Praathuis« ist eine gute Wahl gewesen. Er weckt Erinnerungen an die früher sehr populäre niederländische Kinderserie »De Fabeltjeskrant«, in der im Café »Het Praathuis« neue Ideen ausgetauscht wurden, und spiegelt auch die entspannte Atmosphäre dieses Arbeitsplatzes wider.

Unter dem Dach wurden die Büros spiegelbildlich eingerichtet. Durch das runde Giebelfenster strömt auch hier viel Licht ins Innere.

Ein tropischer Bungalow mit Veranda

Keine Protzigkeit, sondern pure Schlichtheit. Kein komplizierter Grundriss, sondern eine einfache Einteilung. Eine Veranda mit einem Fussboden aus weiss lackierten Planken. Das waren die Ideen, mit denen Jan des Bouvrie die Gestaltung einer Reihe von Häusern auf Curaçao begann. Das Resultat: Häuser, in denen man sich wie ein König fühlt…

»Minimalistisches Design muss wirklich nicht langweilig sein. Wenn man bei einem Interieur alle überflüssigen Verzierungen weglässt und einer bestimmten Farbe oder einem Möbelstück den nötigen Nachdruck verleiht, erhält man von selbst eine optische Spannung mit gewaltiger Aussagekraft.«

Eine von Jan des Bouvries wichtigsten Maximen, nämlich »Less is more«, entspricht vollkommen dem immer stärker werdenden Wunsch nach Schlichtheit der letzten Jahrzehnte. Wie kein anderer kennt Jan des Bouvrie den Effekt des Weglassens. Als er die Gelegenheit erhielt, die Gesamtwirkung einer Reihe von exklusiven Häusern auf Curaçao zu bestimmen, sah er darin die ersehnte Chance, sowohl die Architektur als auch das Interieur dieser Häuser seiner Vorliebe für minimalistische Gestaltung zu unterwerfen. »Coral Estate«, das Geisteskind des Projektentwicklers Jan van Rootselaar, bot aufgrund seiner zauberhaften Lage am Sainte-Marie-Riff und seiner gut 350 Hektar großen Grundfläche genügend Gelegenheit, um äußerst anspruchsvoll zu

sein. Selbstverständlich wählte Jan für seinen Bungalow »Patio« einen phantastischen Standort auf der Kuppe eines Hügels mit atemberaubender Aussicht über das Karibische Meer. Er beschloss, dieses Bauwerk wie ein typisches Holzhaus in einem tropischen Gebiet zu gestalten.

»Das schien mir bei diesem fabelhaften Klima nur logisch«, sagt Jan lakonisch. »Und übrigens, die Idee war, eine Wohnung mit einfacher Struktur zu bauen – ein großes Wohnzimmer mit Küche und eine Eingangshalle mit einem Badezimmer und einem Schlafzimmer an jeder Seite. Keine protzige Gestaltung, sondern pure Einfachheit. Weiße Wände, weiß lackierte Plankenfußböden, bequeme Stühle aus geflochtenem Rohr, weiß gestrichene Schränke, die an den Fernen Osten erinnern, weiße Betten und hier und dort die dunkle Silhouette einer irdenen Vase oder eines schmiedeeisernen Kerzenhalters. Und vor allem… eine Veranda mit weiß lackiertem Plankenfußboden und Balustrade. Vergesst nicht, Bewohner des Abendlandes, die vor und nach

dem Krieg wieder in unser gemäßigtes Klima zurückkehrten, hatten natürlich Heimweh nach den herrlichen schwülen Abenden auf ihrer Veranda in den Tropen. Also musste man eine Veranda haben, ohne Rücksicht auf das Klima, und dies hat mich zum Entwurf des ›Patio‹ inspiriert. ›Coral Estate‹ ist der allerschönste Platz auf Curaçao, und wenn man aus einem solchen Haus hinausschaut, ›wächst‹ die Perspektive. Dann erst beginnt man zu verstehen, was der Luxus einer Veranda wirklich bedeutet…«

Um das überwiegend weiße Interieur zu akzentuieren, ließ Des Bouvrie die Außenwände kobaltblau streichen. Sie bilden einen angenehmen Kontrast zu den klassischen weißen Säulen am Eingang und den blütenweißen Vorhängen, die sich sanft im ständig wehenden Passatwind bauschen. Monique des Bouvrie, die sich immer wieder darin auszeichnet, für die Kreationen ihres Mannes die passenden Accessoires zu entwerfen, schlug vor, über den Betten symmetrisch gemalte kobaltblaue »Fenster« anzubringen. Jan stimmte zu, und das Resultat ist schlicht und einfach umwerfend!

Monique des Bouvrie schuf einen überraschenden optischen Effekt: zwei kobaltblaue »Fenster« über den Betten!

Titel der niederländischen Originalausgabe:

Barbara und René Stoeltie
Jan des Bouvrie DUTCH STYLE
first published 1999 by VNU Tijdschriften
Capellalaan 65, 2132 JL Hoofddorp, Holland
© VNU Tijdschriften/Jan des Bouvrie
All rights reserved

ISBN 90-5855-002-8

Die Deutsche Bibliothek – CIP-Einheitsaufnahme

Bouvrie, Jan/des:
Wohndesign Dutch Style / Jan des Bouvrie.
Barbara und René Stoeltie. Aus dem Niederländ. übertr.
von Petra Scheltinga. – Herford : Busse Seewald, 2001
Einheitssacht.: Dutch Style <dt.>
ISBN 3-512-03226-5

Deutsche Ausgabe:

© Busse + Seewald GmbH, Herford 2001
Übersetzung: Petra Scheltinga, NL-Enschede
Redaktion: Ulrike Rudolph, Bad Salzuflen
Herstellung: Richard Brüll, Vlotho
Satz: Busse Druck, Herford
Druck und Bindung: Brepols Graphic Industries NV, NL

ISBN 3-512-03226-5